QUELQUES NOTES

SUR L'ÉTAT ET LES PROGRÈS

DE LA

MISSION DU KIANG-NAN

(CHINE)

EN 1897

PARIS

IMPRIMERIE M.-R. LEROY

185, RUE DE VANVES, 185

—

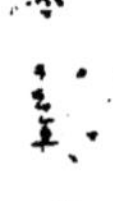

QUELQUES NOTES

SUR L'ÉTAT ET LES PROGRÈS

DE LA

MISSION DU KIANG-NAN

(CHINE)

EN 1897

PARIS

IMPRIMERIE M.-R. LEROY

185, RUE DE VANVES, 185

—

MISSION DU KIANG-NAN

CONFIÉE AUX PÈRES DE LA COMPAGNIE DE JÉSUS

Pour répondre au désir de plusieurs de nos bienfaiteurs, j'ai résumé dans ces quelques pages un certain nombre des lettres les plus récentes de nos missionnaires, sur les progrès obtenus pendant ces dernières années dans la mission du Kiang-nan et sur l'état actuel de cette mission, confiée par le saint Siège à la Compagnie de Jésus depuis l'année 1847.

Certes, ces progrès ont été lents et il faut bien reconnaître que le chiffre de 112.000 chrétiens sur une population payenne de 50.000.000 d'habitants, est loin de satisfaire la très légitime ambition de ces hommes qui ayant tout quitté pour travailler à la conquête des âmes, n'aspirent qu'à faire connaître et aimer Celui qui a dit : « Allez, enseignez toutes les nations ».

Cependant, si on veut bien y réfléchir, on comprendra qu'avant de récolter, il fallait tout d'abord connaître le terrain, puis le préparer et l'ensemencer.

L'heure de la moisson aurait-elle sonné ? On serait porté à le croire, ou du moins, on se *croirait* autorisé à l'espérer, en voyant ce mouvement de catéchumènes qui, depuis trois ans surtout, augmente dans les proportions les plus consolantes (on en compte aujourd'hui près de 35.000).

N'y a-t-il pas là de quoi récompenser les missionnaires et leur faire oublier les rudes labeurs d'un apostolat que, pendant quelques années, on aurait pu croire infécond ?

Tout serait pour le mieux et ils s'abandonneraient à la joie la plus vive, s'ils ne se voyaient débordés, impuissants à profiter d'un mouvement si consolant : les ressources leur manquent, et surtout, les ouvriers sont peu nombreux, ou, pour parler plus exactement, ils sont en nombre tout à fait insuffisant : « *messis quidam multa, operarii autem pauci* ».

La Compagnie de Jésus, fidèle à l'esprit de son fondateur, considère toujours l'œuvre des missions dans les pays infidèles, comme l'une des plus importantes de son Institut. Elle compte, à l'heure présente, en plus des prêtres séculiers indigènes, 3.687 missionnaires aux Indes, en Chine et dans les différentes missions qui lui sont confiées par le saint Siège.

Les provinces de France, à elles seules, bien qu'ayant à entretenir un nombreux personnel dans les Collèges et Résidences, comptaient, au 1er janvie de cette année, 776 missionnaires jésuites, dans les missions qui leur sont plus particulièrement attribuées par la Propagande : En Chine, 348 : à Madagascar, Maurice et la Réunion, 77 ; au Maduré 151 ; en Syrie, en Égypte et en Arménie 373 ; Ceylan 8 ; Algérie 30. (1)

Ces chiffres ont leur importance, sans doute, mais l'œuvre est immense !

Puissent les quelques pages qui suivent inspirer à des âmes généreuses le désir d'aller soutenir et aider ceux qui, depuis longtemps, supportent le poids du jour et de la chaleur. Nous demandons au Maître d'envoyer dans ses vastes contrées de nombreux ouvriers pour récolter ces moissons jaunissantes et les offrir à Dieu : « *Rogate Dominum messis est mittat operarios in vineam suam.* »

L. TOURNADE

Procureur de la Mission de Kiang-nan

35, rue de Sèvres, Paris

(1) En outre, les provinces de France viennent en aide à plusieurs autres missions de la Compagnie dans les différentes parties du monde et leur cèdent une partie de leur personnel, particulièrement au Brésil, à Calcutta, en Alaska, au Canada, au Texas, au Maryland, Montagnes Rocheuses, Nouvelle-Orléans, Zambèze, etc.

ÉTAT DE LA MISSION

AU 1ᵉʳ JUILLET 1897.

1° ÉTENDUE DE LA MISSION.

Le KIANG-NAN, avec une population approximative de 50 000 000 d'habitants, comprend deux provinces de Chine, le KIANG-SOU à l'est, et le NGAN-HOEI à l'ouest. — Le KIANG-SOU possède 12 Préfectures et 67 Sous-Préfectures, et le NGAN-HOEI 13 Préfectures et 55 Sous-Préfectures.

2° DIVISION ECCLÉSIASTIQUE.

La MISSION, Chang-hai à part, est divisée en 16 SECTIONS comprenant en tout 91 DISTRICTS. — Le KIANG-SOU a 9 SECTIONS avec 54 DISTRICTS, et le NGAN-HOEI 7 SECTIONS avec 37 DISTRICTS.

Le DISTRICT est la réunion d'un nombre plus ou moins grand de CHRÉTIENTÉS, soumises pour l'ordinaire à la juridiction d'un seul Missionnaire ; la SECTION comprend plusieurs DIS-TRICTS, et possède à sa tête un *ministre*, à la direction duquel sont soumis les Missionnaires et les Chrétiens de la SECTION.

3° PERSONNEL :

1. RELIGIEUX DE LA COMPAGNIE DE JÉSUS.	2. CLERGÉ SÉCULIER.	3. CONGRÉGATIONS RELIGIEUSES.
		Hommes.
1 Vicaire Apostolique.	23 Prêtres.	14 Petits Frères de Marie (École de Hong-keu).
125 Prêtres (dont 14 indigènes).	9 Grands-Séminaristes (théologiens).	20 Catéchistes Religieux (Congrégation chinoise de la Mère de Dieu).
28 Scolastiques (dont 16 indigènes).	21 Petits-Séminaristes.	
26 Frères coadjut. (dont 14 indigènes).	25 Latinistes à Zi-ka-wei.	*Femmes*
		26 Carmélites (dont 16 indigènes).
Total : 180 religieux jésuites.		78 Auxiliatrices du Purgatoire (dont 35 indigènes).
23 prêtres séculiers.		20 Sœurs de S. Vincent de Paul.
9 grands-Séminaristes (théologiens).		91 Présentandines, toutes indigènes.
43 frères.		
215 religieuses.		

4° AIDES DES MISSIONNAIRES DANS LES DISTRICTS.

N. B. — A part les Présentandines, qui occupent 22 postes dans l'intérieur (13 dans le Kiang-sou et 9 dans le Ngan-hoei), les Congrégations religieuses citées précédemment ont tous leurs membres à Chang-hai. Pour les aider dans leur œuvre d'évangélisation les Missionnaires ont des :

A) CATÉCHISTES. — (104).

B) MAITRES ET MAITRESSES D'ÉCOLE. — 410 maîtres avec 314 écoles externes de garçons et 551 maîtresses avec 424 écoles de filles.

Pendant l'année 1896-1897 le nombre d'élèves chrétiens a été de 10636 et le nombre d'élèves payens de 3572.

C) VIERGES. — Ce sont elles qui, à de rares exceptions près, dirigent les écoles, baptisent les enfants moribonds, prennent soin des orphelinats, de la propreté des églises, etc. Le total des Vierges employées au service de la Mission est de 700 environ.

5° RÉSUMÉ DU TABLEAU DES MINISTÈRES

Pendant l'année apostolique (juillet 1896 à juillet 1897)

Chrétientés 817 (Chaque chrétienté à son Église). — Chrétiens 111 605. — Catéchumènes 22685 — Baptêmes d'adultes 1492. — Baptêmes d'enfants de chrétiens 3740. — Baptêmes d'enfants d'infidèles 31969 (Œuvre de la Sainte-Enfance, baptêmes à domicile). — Orphelins reçus durant l'année 6346 (Œuvre de la Sainte-Enfance, baptêmes dans les orphelinats). — Mariages 1207. — Confirmations 4652. — Extrêmes Onctions 2285.

6° ÉTAT COMPARATIF DE LA MISSION

	1847			1880			1897		
	Prêtres	Chrétientés	Chrétiens	Prêtres	Chrétientés	Chrétiens	Prêtres	Chrétientés	Chrétiens
Province du Kiang-sou.	25	348	60546	74	497	93015	109	661	101654
Province du Ngan-hoei.	1	3	417	13	83	6139	49	156	9951
Total.	26	351	60963	87	580	99154	149	817	111605

ŒUVRES SPÉCIALES

CHANG-HAI
ET SES ENVIRONS.

1º A ZI-KA-WEI (8 kil. S. O. de Chang-hai).

1. Résidence centrale pour toute la Mission, — comprenant :
A) Le scolasticat de la Compagnie.
B) Le grand-séminaire.
C) Un collège (études chinoises pour tous et latines pour quelques-uns), 121 élèves.
D) Un observatoire magnétique et météorologique.
E) Un musée d'histoire naturelle.
F) Un journal chinois (*Y-wen-lou*), paraissant deux fois par semaine, avec 1260 abonnements.
G) Un Messager du Sacré-Cœur en chinois (*Cheng-sin-pao*), paraissant chaque mois, avec 2940 abonn.

2. TOU-SÉ-WÉ (à 1/2 kil. S. de la résidence), ayant :
A) Un orphelinat de garçons avec 122 enfants,
B) Une imprimerie européenne, — chinoise.
C) Des ateliers de construction, de menuiserie, de sculpture, de peinture, de tailleurs, de cordonniers.
D) Un monastère de Carmélites.

3. SENG-MOU-YEU (établissement des Religieuses Auxiliatrices), dont la population totale s'élève à 627 personnes, possède :
A) Un noviciat de Religieuses Auxiliatrices (6 novices).
B) Un noviciat de la Présentation, congrégation chinoise (27 novices).
C) Un catéchuménat pour les femmes (57 catéchum.).
D) Un pensionnat pour jeunes filles chinoises (107).
E) Une école de médecine (vierges baptiseuses — 11 élèves).
F) Une école de sourds-muets (12 élèves).
G) Un grand orphelinat de filles (191 orphelines).
H) Un asile pour vieilles femmes chrétiennes (42).
I) Neuf ouvroirs.
J) Un dispensaire (8762 consultations gratuites).

2º A TONG-KA-DOU (faub. S. E. de Chang-hai).

1. Une résidence avec :
A) La cathédrale. — B) Le petit-séminaire.
2. Un hôpital pour les pauvres (reçus : 53 chrétiens, 754 païens dont 118 sont morts et 114 d'entre eux baptisés).
3. Un hospice pour les vieillards chrétiens (29).
4. Une conférence de S. Vincent de Paul (17 membres).

3º A YANG-KING-PANG (Concession française), se trouvent sur la paroisse Saint-Joseph :

1. La procure générale de la Mission.
2. Un établissement de Religieuses Auxiliatrices, avec :
A) Une école (Institution Saint-Joseph) pour les jeunes filles européennes de Chang-hai (207 élèves).
B) L'école dite de la Providence, pour orphelines europ. et eurasiennes (113 orphelines).
C) Un dispensaire avec consultations gratuites (10286 consultations).
3. Une école municipale française, dirigée par un Père (150 élèves dont 125 païens et 25 chrétiens).

4º A HONG-KEU (Concession américaine), sur la paroisse du Sacré-Cœur :

1. Une conférence de S. Vincent de Paul (28 membres).
2. Un cercle catholique (50 membres).
3. L'école S.-F.-Xavier, sous la direction des Petits Frères de Marie, pour les enfants européens, chinois et eurasiens, (410 élèves).
4. Sous la direction des Sœurs de S. Vincent de Paul :
A) Un hôpital européen (801 malades).
B) Un hôpital pour les Chinois pauvres (1312 malades, dont 221 sont morts et 209 baptisés *in articulo mortis*).
C) Un dispensaire (68385 consultations gratuites).

Sous la direction des Religieuses Auxiliatrices :

A) L'externat de la Sainte-Famille (élèves européennes 179 — chinoises 24).

B) Un dispensaire (consultations gratuites 1464).

5º DANS LA VILLE *intra muros :*

1. Une résidence comprenant :

A) Un pensionnat, ou école dite S. J. Berchmans (103 élèves chinois).

B) La maison des catéchistes religieux (20).

C) Un catéchuménat pour les hommes (27 admis).

2. Un double hospice fondé pour les vieillards entrés païens (57 hommes et 77 femmes).

3. Un hôpital pour les pauvres (reçus : 25 chrétiens, 337 païens dont 54 sont morts et 48 d'entre eux baptisés).

EN DEHORS DE CHANG-HAI

DANS LES SECTIONS. (1)

1º 1 RÉSIDENCE CENTRALE A OU-HOU, pour le Ngan-hoei.

2º 59 ORPHELINATS (2) :

A) Orphelins reçus *dans l'année*, 6108 :

B) En nourrice, *pendant l'année*, 2302 :

C) Confiés cette année où les années précédentes à des familles et ne pouvant encore se suffire à eux-mêmes, 4418.

3º 4 HOPITAUX (2) pour les pauvres (reçus : 14 chrétiens, 208 païens dont 94 baptisés et 82 morts).

4º 2 HOSPICES pour les vieillards (reçus : 37 hommes et 15 femmes).

5º 85 CATÉCHUMÉNATS (3), dans lesquels pendant l'année 2425 hommes et 1245 femmes ont reçu l'instruction.

6º 146 ÉCOLES INTERNES (4) :

75 pour les garçons avec 2928 élèves.

71 pour les filles avec 1924 élèves.

7º 3 SANCTUAIRES DE PÈLERINAGE :

2. dans le Kiang-sou (N.-D. Auxiliatrice sur la montagne de Zô-sè, près Song-kang ; — Mou-yeu-dang, à Hai-men).

1 dans le Ngan-hoei (à Choei-tong, dans le Ning-kouo fou).

8º CONGRÉGATIONS.

Les *principales* sont : celle du T. S. Rosaire, avec 10284 associés, et celle de l'Apostolat de la prière, avec 17291 associés.

(1) Plusieurs de ces renseignements sont incomplets.

(2) A part deux ou trois grands orphelinats, la plupart consistent uniquement en quelques chambres affectées à l'œuvre : ainsi en est-il des hôpitaux destinés aux pauvres.

(3) A de très rares exceptions près, les catéchumènes se réunissent dans les écoles.

(4) Ces écoles ne sont point uniquement pour les *internes ;* presque partout les *externes* les fréquentent également.

CHINE

MISSION DU KIANG-NAN

EXTRAITS DE DIVERSES LETTRES DES MISSIONNAIRES
Sur le mouvement de conversions.

I

AU NGNAN-HOEI.

Du P. Pérrigaud à *Fong-t'ai hien.* « Beaucoup de catéchumènes, qui persévèrent depuis un an et sont d'ailleurs dans de bonnes conditions pour persévérer toujours. Ils sont réunis par
groupes de 10, 20, 30 familles. Dans plusieurs groupes ils ont des
écoles de prières qui servent aux enfants dans la journée et le
soir, aux grandes personnes. En général ils ont de quoi vivre, et
aucun ne demande l'aumône. Jusqu'à ce moment il n'a pas été
question de procès ou autre affaire scabreuse. Si, à l'aide de ces
différents groupes, qui ne sont encore qu'une minorité dans des
villages de 100 à 150 familles chacun, on pouvait peu à peu gagner de nouveaux *Mao-kia-wo-tse* (car le beau côté de *Mao-kia,*
c'est que tout le village est chrétien), quel beau coup de filet ! »

Du P. Mignan à *Ning-kouo fou.* « Nous sommes en plein mouvement de catéchuménat. Le P. Perrin fait jusqu'à huit catéchismes par jour. Il a une soixantaine de catéchumènes, hommes et
femmes. Le P. Gasnier est encore le mieux partagé ; il en a une
centaine, et des catéchumènes de choix, dit-il, mieux que tous
ceux qu'il a eus précédemment. »

Du P. Goulven à *T'ai-hou.* « La moisson s'annonce très belle ;
malheureusement un seul ouvrier ne suffit pas à la récolte. De-

puis mon retour de *Chang-hai* seulement, j'ai reçu 85 familles de nouveaux catéchumènes, la plupart du *Tong-hiang* et de la partie du *Tsien-chan* contiguë au *T'ai-hou*. Je n'ai reçu personne avec affaire ; ils viennent sans doute pour trouver, en cas de besoin, la protection du Père, mais, *hic et nunc*, ils n'ont pas d'affaire. Ils viennent un à un, amenés par leurs parents ou amis déjà chrétiens. J'ai de 50 à 60 catéchumènes tous les jours ; je suis obligé de les renvoyer après 2 ou 3 jours de catéchuménat pour laisser la place à d'autres nouveaux. C'est un gros inconvénient, car cela retarde leur instruction. »

Du P. GASNIER, à *Kien-ping*. « Vous me demandez sans doute : comment allez-vous en Chine ? Je vous réponds : le ministère actif m'a été salutaire à tel point que je recommencerais cent fois à faire le sacrifice de la France, si abondamment pourvue, afin de secourir la plus grande mission du globe, mission relativement si délaissée. Je me trouve en bons rapports avec les autorités civiles et militaires de mon district. Le nombre de mes chrétiens augmente d'année en année, si bien que notre petite chapelle ne suffisant plus, on vient de me bâtir une église dont le P. Planchais est l'architecte. Cette église a coûté plus de 2000 piastres ; il en faudrait encore 1000 pour l'achever. Si vous avez des aumônes à placer, voilà une belle occasion de faire plaisir au patron de notre église, S. François-Xavier. Ce modeste monument avec ses 14 belles colonnes en bois du pays, ses grandes portes et ses fenêtres originales, ne manque pas d'élégance ni de solidité. Il sera à peine suffisant pour contenir la foule des chrétiens et des catéchumènes.

« Ces derniers sont nombreux ; si vous voulez en connaître la valeur, rappelez-vous la parabole de la semence. Il y en a qui sont routes, d'autres en grand nombre sont terrains pierreux, d'autres terrains épineux, et les bonnes terres sont le petit nombre. Malgré les déconvenues, je suis heureux de tout ce mouvement, parce que la religion se fait connaître, les préjugés tombent, et quelques bonnes recrues viennent grossir le nombre des fidèles. Au moment où je vous trace ces lignes, j'ai autour de moi, dormant d'un bon sommeil, une centaine d'aspirants, qui, durant une vingtaine de jours, se préparent au baptême. La plupart sont de braves paysans attachés au sol par leurs propriétés assez rondelettes, et appartenant à de nombreuses familles : les enfants pullulent. Oh ! combien les Chinois de nos provinces l'emportent sur nous par la Famille ! que de choses j'aurais à vous dire sur ce sujet ! Je fais profession d'aimer les Chinois. Pour leur conversion et pour la mienne, et pour la persévérance des néophytes, j'ai un un grand besoin de prières. Donc recommandez-nous aux bonnes âmes que vous connaissez afin qu'elles soient *nos protectrices.* »

Du P. J. M. CHEVALIER, *missionnaire à Tai-ho.* « Pour me rendre à mon nouveau poste, j'ai passé 25 jours assis dans une barque ; c'est bien un peu long. Mais aussi j'avais l'honneur d'accompagner Monseigneur ; il est juste que tout honneur se paie. Enfin me voici à *Tai-ho,* tout à l'extrémité nord-ouest de la mission sur les confins du *Ho-nan.* Au reste vous pouvez voir sur la carte. C'est un poste assez récemment fondé ; il y a dix et quelques années, il n'y avait ni chrétiens ni catéchumènes ; c'est seulement en 1893, je crois, que l'on a commencé à baptiser. Nous avons en ce moment plus de 60 chrétiens et 200 catéchumènes, et il en arrive tous les jours de nouveaux. Ce sont surtout les « mangeurs d'herbes » qui nous viennent, et ils sont nombreux ici. Les mangeurs d'herbes sont des gens qui s'engagent à s'abstenir de toutes viandes ; ils se nourrissent de pain, d'herbes et de légumes. De là le nom de mangeurs d'herbes. En général, ce sont des gens qui sentent le besoin de croire, et qui cherchent.

« Les écoles sont l'œuvre par excellence de la mission, à mon avis du moins ; c'est sur elles que repose l'espérance de l'avenir.

« Il s'agit de former de bons et fervents chrétiens ; c'est à quoi nous travaillons tous les jours.

« Le Père doit surveiller sa maison et son école ; il lui faut aussi aller faire la visite de ses chrétiens, au moins de temps en temps, les encourager, les stimuler, et tout ensemble essayer de gagner quelques païens. Je trouve cette vie fort intéressante, non pas au point de vue naturel, bien entendu, mais au point de vue surnaturel. C'est là ce que faisait Notre Seigneur quand il parcourait les villes et les bourgades de la Judée, prêchant l'Évangile. Pour mon propre compte, je me trouve heureux comme nulle part ailleurs. Ici il faut surtout des hommes intérieurs, des hommes de Dieu, qui comprennent le prix d'une âme, et qui volontiers consacreraient leur vie entière à sauver ne fût-ce qu'une seule âme. »

Du P. MOUTON. *Lou-Nyan.* 1er janvier : « Quand vous reviendrez à Yng-chan, vous trouverez la situation bien changée. Nous ne sommes plus au temps où j'étais assiégé dans les masures où vous m'avez vu installé pendant un an. Maintenant je suis en relations faciles avec les mandarins civils et militaires du pays. Tous, y compris le chef des lettrés, ne manquent pas de me rendre visite toutes les fois qu'ils passent devant ma porte. Nous avons de bons catéchumènes, de noms différents, et cela sans avoir à nous occuper d'une seule affaire litigieuse ; 30 élèves à la fois dans l'école ; bonne réputation dans le pays et au loin jusqu'au Hou-pé ; enfin école des filles complètement achevée et meublée. Qui mieux est, femmes et filles à la porte attendant pour y entrer l'arrivée de deux Présentandines. » (Elles viennent de partir par le Kiang-yn.)

Du P. DANNIC, *missionnaire à Mao-Kia.* « Depuis le 15 de la dernière lune jusqu'au 1er de la 2e lune, plus de 100 catéchumènes, tant hommes que femmes, sont venus apprendre les prières et la doctrine, passant dans la maison qui 4, qui 8, qui 10 jours ou plus. Je voudrais les retenir plus longtemps, mais ces braves gens ont toujours des raisons péremptoires pour s'en retourner. Ce court catéchuménat aura donc moins servi à les instruire qu'à les faire mieux connaître du Père. Du reste, autant que je le puis, je pourvois à leur instruction à domicile. 4 catéchistes tiennent une école dans les 4 villages, où je compte le plus de catéchumènes. Tous montrent assez de bonne volonté : ils n'ont pas fait de superstitions au 1er de l'an, et aucun d'eux ne fume l'opium. Les enfants vont bien aussi et sont ma principale espérance. J'ai bâti 5 chambres servant d'église et d'école au village de *Sou-lao-yn-tse,* où il y a eu dernièrement une petite affaire. Cette affaire a tourné à la plus grande gloire de Dieu dans ce pauvre pays. Jusque-là le tribunal de *Hia-Tsai* avait toujours été hostile. Pour s'en convaincre on n'a qu'à se rappeler quelle « perte de face » il donna par deux ou trois fois au R. P. Seckinger. Le voilà devenu ami. Le mandarin est venu à *Mao-Kia,* au premier de l'an il a reçu nos huit cadeaux.

« Le *Tien-Tchou-Tang* (Église catholique) est maintenant posé dans le pays. Avant j'étais toujours insulté ; maintenant je n'entends pas la moindre insulte. Père, chrétiens et catéchumènes, nous vivons en paix remerciant le Bon Dieu d'avoir si bien arrangé toutes choses. »

II

AU KIANG-SOU.

Du P. Van Dosselaire, missionnaire à *Fong-lo-tsuen* (*Siu-tcheou fou*). « A quelques kilomètres d'ici, quatre villages m'ont donné la consolation d'inscrire plus de 60 familles de catéchumènes, et le feu sacré se répand. — A 40 *li* N.-E., *Long-kou-tsi*, qui compte une quinzaine de baptisés, donne encore 40 nouvelles familles, et il y a grand espoir de repêcher les anciens catéchumènes qui ont faibli pendant la bagarre de *Ta-tao-hoei*. — Le village de *Tcheng-leou*, à deux bonnes lieues d'ici, compte 100 catéchumènes ; le reste du bourg, soit 200, songe à se déclarer en bloc, et les trois chefs sont de la partie. Tout près de *P'ei hien* il y a 15 familles catéchumènes ; un village à 3 kilomètres S. de la ville promet aussi son contingent. Donc plus de 160 familles à ajouter aux 50 de l'an dernier pour le district de *P'ei hien*. »

Du P. Le Biboul, à *Tchang-chan*. « Dieu merci, je puis vous annoncer des nouvelles consolantes. Le mouvement des catéchumènes s'accentue de plus en plus. Je craignais qu'il ne diminuât, parce que j'ai pris le système des autres Pères, je ne reçois plus que des groupes de familles. Or le système prend, surtout du côté de *Ien t'eou*, et aussi de ce côté-ci. Je suis littéralement débordé, et pourtant je me montre sévère. Le catéchuménat des femmes est bondé ; les deux Présentandines ne suffisent pas ; j'ai dû leur donner la mère *Lou* pour les aider. Chez moi il n'y a plus de place pour un seul homme, et mon école est archipleine. L'église est beaucoup trop petite, même les dimanches ordinaires, quand les catéchumènes sont ici. Le Père Ministre, en voyant cela, m'a ordonné d'ajouter une travée pour les femmes ; on l'a commencée aujourd'hui. Malgré cela je ne pourrai pas en loger la moitié les jours de fête. Même quand il y aura un Père à *Ien t'eou*, *Tchang-chan* ne suffira pas, du moins comme église. Il y aurait actuellement un Père à *Ien t'eou* qu'il serait débordé comme ici. »

Du P. Scherer : « A *Zi-ka-wei*, deux ou trois familles se sont déclarées catéchumènes, et la partie païenne de la famille *Zi* (descendants de *Zi* — ou *Siu* en mandarin — *koang-ki*, le grand personnage chrétien qui a tant aidé nos premiers Pères dans leur apostolat) semble y songer. Ce serait une bien belle affaire, ils sont peut-être 200 ou 300 dans les environs (sans compter la partie restée chrétienne). Le chef semble favorable ; l'affaire va être mise en délibération. Malheureusement ils parlent de proposer l'affaire au temple de la famille où ils font des sacrifices à leur ancêtre *Zi-koang-ki!* Ce temple est à *Chang-hai*, où se trouve une portion importante de la famille qui ne connaît guère les Pères, et qui par conséquent pourrait bien faire pencher le plateau de la balance du mauvais côté. C'est au même endroit et dans les mêmes circonstances que toute la famille avait fait, il y a une trentaine d'années, le serment de ne jamais se convertir, serment qu'ils n'ont que trop bien tenu jusqu'ici. Il y a huit jours pourtant est morte tout près d'ici une femme *Zi*, nouvellement baptisée avec le consentement de la famille. Sa mort a été bien édifiante et de nature à faire impression sur les témoins.

« Le 1er novembre, ouverture du catéchuménat à *Zi-ka-wei*, il y a tous les dimanches 10 à 15 catéchumènes (hommes) qui viennent à la maison se faire instruire par le P. Scherer et les scolastiques chinois à tour de rôle. 70 à 80 femmes vont chez les Auxiliatrices. Il pourra en sortir quelques chrétiens. Les bébés commencent à dire déjà : *Maong Maong, zen-wou*. (Je vous salue, mon Père). Un des catéchumènes a perdu un petit enfant attendu depuis longtemps. C'est une grande épreuve pour sa foi naissante. L'enfant a été baptisé.

« A *P'ei-ka-sa*, au sud du Carmel, il y a une nouvelle famille catéchumène ; il y en a une autre à *Yng-ka-kao*, à l'est du Carmel. En tout au catéchuménat 19. Chez les religieuses, il y a 30 catéchumènes vraiment sérieuses. Les filles commencent à aller à l'école, ce qui ne s'était encore jamais vu. A *Sen-hang-lang*, à 4 li à l'ouest de *Zi-ka-wei*, j'ai baptisé un bon vieux, qui m'avait fait demander par des païens. Étant enfant, il avait été souvent à *Zi-ka-wei* et avait entendu dire du bien de notre sainte religion. Arrivé chez lui, il me supplia en grâce de le faire chrétien, afin d'aller au ciel. Il est mort 24 heures après son baptême. »

Du P. DEFFOND. *Sou-tcheou* 18 Décembre : « J'ai béni l'Église de *Tsouo-pang* la veille de la fête de l'Immaculée Conception, le matin, et après la bénédiction Messe. Le soir, bénédiction du chemin de la croix. Le lendemain fête patronale et Messe solennelle. 230 communions. Les parents des chrétiens de *Tsouo-pang* étaient venus nombreux comme pour une noce. La fête a été vraiment belle ; les payens nombreux, très convenables. Une famille païenne, maintenant catéchumène, assistait à la Messe. Ils étaient agenouillés au milieu des chrétiens et sont venus me saluer. Les circonstances qui ont amené la conversion de cette famille sont extraordinaires. Le père âgé de 47 ans, est maire de son village. Trois semaines avant la bénédiction de l'Église, il tomba gravement malade. La maladie fit de rapides progrès : les médecins le déclarent perdu et l'agonie commence. En le voyant sans connaissance, donnant à peine signe de vie, chacun attendait anxieusement son dernier soupir. Soudain le malade ouvre les yeux, retrouve la parole et demande qu'on appelle aussitôt des chrétiens. Il n'y a qu'à traverser le canal pour en trouver. Plusieurs arrivent et le malade leur déclare qu'il veut être chrétien. Il raconte devant tous que pendant son agonie, un vieillard, revêtu d'un surplis, lui est apparu et lui a dit de se faire chrétien ; il le lui a promis et il veut être chrétien avant de mourir. Comme son état était très grave, les chrétiens lui enseignèrent les vérités essentielles, et après un acte de contrition le baptisèrent. Quelques chrétiens firent une neuvaine pour obtenir sa guérison et furent exaucés. Ses deux filles, 14 et 11 ans, viennent à l'école chaque jour, son futur gendre, qui sera en même temps son adopté, viendra bientôt. Toute la famille a assisté aux trois Messes. »

Du P. de la SAYETTE à *Mao-ka-tsen*. « Me voilà de retour maintenant dans mon district. Je suis de passage à *Mao-Ka-tsen*, où j'ai fait passer aujourd'hui l'examen aux catéchumènes. Le catéchuménat a été fréquenté pendant un mois par 40 élèves. C'est un personnel scolaire « *sui generis* ». Tous les âges y figurent ; le plus jeune a 15 ans, le doyen a dépassé les 70 ans. Parmi eux il y a quelques bons types. Tous paraissent contents de ce qu'ils ont appris ici. On leur a enseigné à connaître le bon Dieu et à le prier. Le P. Tsu et le séminariste faisaient chaque jour le catéchisme à cet auditoire d'élite. Après l'examen, cette première bande de catéchumènes va faire place à une seconde série d'élèves du même genre convoqués du 10 de la 2ᵉ lune au 10 de la 3ᵉ, à *Mao-Ka-Tsen*. C'est le district du P. Pétillon, qui est le mieux représenté. Il a fourni environ 30 catéchumènes à cette première bande. Le mien n'en a donné que 6, celui du P. Vénel 4, et 2 élèves enfin dépendent du P. Ooms. J'espère faire meilleure figure à la seconde bande. J'ai distribué 19 lettres d'admission au catéchuménat. Le

P. Speranza se trouve maintenant dans le district du P. Ooms ; il y donne une Mission. »

Du P. VÉNEL, *missionnaire à Hai-men.*

Saint Mathias, 31 mai : « Vous désirez quelques mots sur la nouvelle église de *Mou-yen-dang* et sur la fête. Tous les Pères, c'est-à-dire les PP. Geslin, Speranza, Storr, Sen-liang, Kennely, de la Sayette, Tsang, Ooms, Pétillon, tous ces Pères, dis-je, ont trouvé l'église belle à l'intérieur, malgré sa nudité complète. Quelques-uns même la disaient *vraiment* belle, *très belle.* Elle peut contenir très facilement 1500 personnes assises. Le jour de la fête il y en avait 1800 ou 1900 assises. Beaucoup de chrétiens ont encore dû passer la nuit dans l'église, faute de local pour les loger ailleurs. Avant la fête, plusieurs Pères, en voyant le mauvais temps, avaient promis qui une messe aux âmes du Purgatoire, qui une piastre de riz en l'honneur de St-Antoine, d'autres avaient fait des neuvaines. Voyez s'ils ont à cœur le succès de ce pèlerinage. Vous savez que leur confiance n'a pas été trompée ; le temps nous a servis à souhait. Le dimanche 23 a eu lieu la bénédiction de l'église. Les 10 Pères dont vous avez vu les noms, étaient présents. Le lendemain, à partir de 5 h. jusqu'à 8 h. 1/2, les messes se sont succédé au grand autel (celui de la vieille église) et à chaque messe deux prêtres ont distribué la Ste Communion. La grand'messe a été célébrée par le P. Geslin avec les PP. de la Sayette et Kennelly comme diacre et sous-diacre. Le P. Storr semblait avoir un plaisir spécial à faire résonner sa voix sous la voûte de l'église. Nous avons eu 1512 communions. L'ordre a été suffisant, mais désormais il sera plus grand encore, car on ne laissera plus les païens franchir le seuil de l'église. La plupart des PP. ont voulu se dire contents, quelques-uns même se sont dits très contents de la façon dont les choses se sont passées. La foi de nos chrétiens s'est encore manifestée par une offrande dont la générosité a étonné ceux qui savent combien ils sont pauvres, surtout à cette époque de l'année. »

N.-D. DE LOURDES DANS L'ILE DE TSONG-MING.

LETTRE DU P. PÉTILLON

Se-T'ai-dang, 12 mai 1897.

« J'ai trouvé le loisir d'aller ouvrir le mois de Marie à *Tsong-ming*. Peut-être vous plairait-il de connaître les sentiments et les idées que j'ai emportés du pèlerinage du P. Le Chevallier. J'ai emmené les PP. Speranza, Vénel, Ooms et de la Sayette au *Seng-mou-dang* (Temple de la Sainte Mère), où je les ai logés tant bien que mal dans mes deux chambrettes. De là après avoir fait un pas de conduite au P. Ooms en route pour *Sé-otse-kang*, je m'embarquais avec mes compagnons pour l' « île de la misère ». Un bon vent arrière nous eût poussés en deux heures sur ses côtes, au point voulu ; malheureusement les bordées que nous dûmes tirer sur le *Kiang* ralentirent trop notre voyage et ne nous permirent d'atterrir qu'à la nuit. Restaient encore 18 *li* (12 kilomètres) à franchir avant d'atteindre le grand *Kong-sou*. Quatre Pères et trois catéchistes, en tout sept lanternes, serpentant dans les sentiers, c'était vraiment trop agaçant pour les chiens, aussi je vous laisse deviner les échos que réveillait notre passage. Enfin le P. Storr nous accueille et nous envoie nous coucher.

« On songe à renverser l'église trop étroite de ce centre auquel se rattache un millier de chrétiens pour en élever une autre plus proportionnée au nombre des fidèles. Mais j'ai hâte d'arriver à *Seng-sè-dang*, sanctuaire où N.-D. de Lourdes, N.-D. de *Tsong-ming*, comme on l'appelle là-bas, s'est montrée si généreuse depuis trois ou quatre ans, que sa statue y a été installée. Huit kilomètres le séparent du *Kong-sou*. Église moins grande du tiers que celle de *Zô-sé* (sommet de la montagne). Colonnes et murs disparaissent sous les bannières de 54 chrétientés de l'île. Dix ont encore à offrir la leur. Que c'est beau et touchant ! On a rivalisé à qui offrirait la plus riche à la Ste Vierge. Ç'a été un élan, une émulation non point mesquine qui tend à la satisfaction de l'amour-propre, mais à vues plus hautes, désireuse d'honorer Marie le mieux possible. En voici une dont la matière seulement a coûté 68 piastres (175 frs.) Les pauvres *Zong-minois* ont donné là pour 17 ou 1800 frs. et cela d'une générosité toute spontanée. Il est vrai que la bonne Vierge s'est montrée bien secourable, visiblement même plus secourable qu'à *Zô-sé*. Le P. Le Chevallier ne tarit pas sur les grâces sensibles obtenues aux pieds de la statue, ce qui se devine au reste à la ferveur des pèlerins. Tous jettent sur elle un regard de confiance inexprimable.

« Les bannières sont blanches, bleues ou vertes, suivant le district d'où elles proviennent, car pour ne rien laisser au caprice, le P. Storr a fixé la couleur que devait prendre chacun de ses quatre districts.

La veille du pèlerinage de *Seng-sè-dang*, peu de presse au confessionnal. Deux Pères ont tout le loisir d'entendre les quelques chrétiens qui se présentent à partir de 5 h. du soir. La proximité des chrétientés facilite la besogne en la divisant. C'est ainsi que pendant que deux Pères vont porter les sacrements dans trois grandes chrétientés à 4 *li* au nord de *Seng-sè-dang*, moi je passe par deux centres situés à 3 *li* au sud, comptant ensemble près de 400 chrétiens. Le drapeau est hissé (1), et ceux qui désirent communier le lendemain se rendent à leur chapelle. J'ai entendu ainsi une soixantaine de confessions. A nous neuf nous avons préparé un millier et quelques centaines de communions.

« L'église de *Seng-sè-dang* ne pouvant contenir qu'un millier et quelques centaines de personnes à la fois, on dit d'abord une messe solennelle, pour les femmes, puis une autre, également solennelle, pour les hommes. Cette distribution me valut l'honneur de débiter deux fois mon sermon. Petite fatigue, dont la Ste Vierge me saura gré, je pense. Il avait d'abord été convenu que je prêcherais à la procession, mais la crainte du soleil décida à supprimer cette station en plein air. A 11 h. 1/2 sortait la procession, les chrétiens groupés autour de leur bannière réciproque que porte l'administrateur de l'année en surplis. Touchant spectacle que celui de ces braves gens dont chez beaucoup les habits pauvres et parfois déguenillés contrastaient si étrangement avec leurs bannières. N'importe ! ils y allaient simplement pour la Ste Vierge. En voilà un qui murmure. Il a un peu honte de constater que la bannière de sa chrétienté fait moins bonne figure à côté de telle et telle autre. Un petit grain de vanité qui lui inspirera à lui et à ses camarades l'idée de recueillir quelques piastres pour des enjolivements à ajouter. Somme toute il pense aussi à la Ste Vierge dans ce léger mouvement d'humeur.

« Le P. Le Chevallier ne songe-t-il pas à mettre une quatrième

(1) Près de chaque église est un mât qui peut s'apercevoir de loin. Quand le Père est là, on y hisse un drapeau. C'est le signal connu pour avertir les chrétiens de la présence du Père.

cloche dans son clocher ! Quel manque d'harmonie là-haut ! Imaginez donc une cloche de 800 francs à côté d'une autre cédée par la procure pour 5 piastres à cause de son timbre fêlé ! N'importe, tout cela se met en même temps en branle et couvre les *Ave Maria* récités durant la procession qui se déroule autour du *Kongsou*, sur un large chemin tracé exprès pour la circonstance. Les frais de la fête seront en entier à la charge du P. Le Chevallier, qui compte sur une dépense d'une trentaine de piastres (77 frs environ) pour la journée. Sacrifice auquel il se résigne d'autant plus volontiers qu'il trouve dans cette cérémonie une excellente prédication pour ses chrétiens et ses catéchumènes. En Europe, où l'on est plus intellectuel, on aime à parler aux sens : pourquoi le système n'aurait-il pas du bon avec nos Chinois ?

« J'allais omettre la musique ! Elle est en grande partie composée de païens qui étaient venus d'eux-mêmes offrir leurs services, ne voulant d'autre salaire que la protection de la *Seng-mou* (Sainte-Mère). Un mot avant de quitter *Zong-ming*. Le P. Le Chevallier a demandé à la Ste Vierge, qu'il sait si bien honorer, la grâce de fonder 12 nouveaux centres ; or il en est au huitième.

« Nous serons 12 Pères pour l'ouverture de la *Merveille des sables* (1). Le sermon de circonstance m'est encore échu. A défaut d'autre chose, faisons au moins à la Ste Vierge l'hommage de notre voix. Mais semblable solennité réclamerait votre organe dont la sonorité ne peut que contribuer à la force de la vérité. Me voici rentré à *Hai-men*, me promenant au milieu des champs de pavots à la fleur rouge d'enfer (pavots d'opium). Encore un nouvel obstacle à la conversion des païens et une tentation pour nos pauvres chrétiens.

« Depuis Pâques j'ai baptisé une vingtaine d'adultes, qui sont venus remplacer d'autres braves gens au catéchuménat. Christianisme, religion de justice, tel est l'appât qui attire mes nouvelles recrues. Il s'agit maintenant de compléter leur concept. Patience, c'est plus commode et, dans le cas, plus sage.

Priez pour moi dans vos saints sacrifices.

Tout à vous en N. S.

Cor. PÉTILLON. »

______

(1) *Mou-yeu-dang*, église du P. Vénel, pèlerinage de la Sainte Vierge, pour la presqu'île de Haimen.

NAUFRAGE DU P. LE CHEVALLIER

LETTRE DU P. LE CHEVALIER AU P. LE CORVEC

Chang-haï, 5 août.

MON RÉVÉREND ET TRÈS CHER PÈRE,

P. C.

Je venais à *Chang-hai* avec l'intention de vous adresser une relation sur la dévotion à N.-D. de Lourdes à *Tsong-ming*. Le bon Dieu vient de m'en demander le sacrifice ainsi que de mes autres notes : tout a fait naufrage dans le *Ouang-pou*, où votre serviteur a bien failli rester mardi dernier, 28 juillet. La relation détaillée de ce naufrage ne laissera pas, je crois, de vous intéresser, et vous animera, je l'espère, à remercier avec moi notre bonne Mère du ciel à laquelle je dois la vie.

Donc, mardi dernier, sur l'indication des bateliers qui voulaient lever l'encre à l'aurore, je me lève vers 1 h., puis après la sainte messe et un essai de déjeuner, je quitte le *kong-sou* avec 2 catéchistes et nous nous rendons dans la direction du port. Temps superbe ; le long du chemin, nous trouvons une foule de gens qui couchent à la belle étoile. Notre barque, au lieu d'être au port comme cela aurait dû être, était encore dans le canal à 2 kilomètres dans l'intérieur des terres, et nos 3 bateliers y dormaient avec la plus profonde insouciance. Vite on démarre ; à coups de gaffes et de godille, on gagne péniblement les bords du grand « Fleuve bleu » ; mais c'est déjà trop tard : on nous déclare platoniquement qu'il faut attendre la marée suivante ; contre-temps qui a failli nous coûter la vie.

Faisant contre mauvaise fortune bon cœur, nous nous reposons un peu sur le plancher de la barque. Qu'aperçois-je au réveil ? Des cendres et des bâtonnets d'encens fumant encore à l'avant du bateau, indices non équivoques des superstitions qu'on venait d'y faire. J'avoue que cela me fit de la peine, bien que nos bateliers fussent tous païens, et j'eus comme un pressentiment que nous pourrions bien avoir à payer ces superstitions pendant le voyage.

A 11 h. on lève l'encre, et nous voguons enfin, doucement portés par la marée montante et poussés par une brise légère du S.-E. La traversée fut longue jusqu'au *Ouang-pou* ; nous n'avions guè-

re l'espoir de dépasser *Ou-song*, quand survint l'orage qui mena-
çait depuis le matin. Il nous valut un vent excellent, grâce auquel, déclarèrent nos bateliers, nous pourrions atteindre *Chang-
haï* avant la nuit. Malheureusement, cet orage passé, un second
ne tarda pas à se former, non plus derrière nous, mais en avant,
vis-à-vis de *Kao-kiao*, beaucoup plus menaçant que le premier.
Le conseil est donné de se mettre à l'abri sur la côte ; on n'en
tient pas compte. Bientôt il éclate sur nous avec une violence ex-
trême : hommes et bagages, nous sommes complètement trem-
pés, la capote d'herbes et de bambous de notre pauvre barque ne
suffisant pas à nous mettre à l'abri. On y voit à peine à quelques
pas. Les bateliers ne sont bientôt plus les maîtres ; vite on amène
la voile et on jette l'ancre. Que le temps parut long alors ! Un catéchiste prétendait n'avoir jamais vu d'orage durer aussi longtemps. Soudain une rafale violente déchire la toile qui protège
l'avant de notre capote. « Vite, allez y mettre ordre, s'écrie-t-on,
nous sommes inondés ! » Un batelier se lève. Hélas ! c'était trop
tard : au même moment les bagages sont précipités sur nous, la
barque chavire et nous sommes dans le *Ouang-pou*. Il était environ 4 h. de l'après-midi.

Que s'est-il passé alors ? Voici mes propres impressions. Me
croyant perdu, je me suis écrié : « Mon Jésus, miséricorde ! Et
vous, ô Marie, c'est le cas ou jamais de vous montrer mère ! »
Je fis un vœu à N.-D. de Lourdes et sortis immédiatement par
l'avant, de crainte d'être enseveli sous la barque. Je trouvai là
une grande planche à laquelle je m'accrochai des deux mains,
sans pouvoir me hisser dessus malgré tous mes efforts. Je com-
mençais à me fatiguer quand je pus enfin saisir la barque renversée ;
mais je n'avais pas la force de l'escalader. Je n'en pouvais plus
quand un catéchiste qui était solidement amarré, et un batelier
me prêtèrent main-forte : bientôt je me trouvai installé à leurs
côtés. « Et les autres ? » s'écria-t-on. Grâce à Dieu, ils parurent
aussi et purent aussi monter sur l'esquif renversé. Je donnai
alors l'absolution aux deux catéchistes et leur fis part de mon vœu.

Pour moi, la protection de N.-D. de Lourdes est évidente : car
de deux choses l'une : ou la barque devait sombrer sous le poids
de l'eau qui l'avait envahie, ou chavirer complètement sous
l'effort du vent et du flot qui l'avaient renversée, d'autant que le
poids du mât et de la voilure faisaient encore levier dans le même
sens. Eh bien ! il n'en fut rien : elle se maintint immobile sur le
flanc. Là encore notre position eût été bien précaire : un coup
de vent, une lame, et c'en était fait de nous. A partir du vœu, ni

vent, ni lames. Mais une pluie torrentielle, l'obscurité, les éclairs, le tonnerre, rendaient la situation critique : par un temps pareil, comment espérer que d'autres bateaux vinssent à passer dans ces parages ? Pas un de nous ne savait nager, et le *Ouang-pou* a plusieurs kilomètres de large !

Deux barques à l'ancre à deux kilomètres environ avaient bien aperçu nos signaux ; elles ne daignèrent pas faire un mouvement en notre faveur. De même en fut-il de quelques riverains que nos cris attirèrent sur le bord du fleuve. Ils répondirent à nos signaux, mais ce fut tout : rien pour nous venir en aide. Nous restâmes ainsi en détresse une heure et demie, voyant avec inquiétude la nuit venir et pas d'issue à notre situation. Ce n'est que vers 5 h. 1/2 que le *Fi-long*, vapeur qui fait le service de *Chang-hai* à *Ou-song*, ayant eu à déposer les voyageurs à *Kao-kiao* sur la rive de *P'ou-tong*, aperçut aussi nos signaux. Après quelques moments d'hésitation qui jetèrent dans l'angoisse mes compagnons d'infortune il se décida à venir à notre secours. Il s'arrêta à peine le temps de nous prendre, refusant de faire le sauvetage de nos bagages qui flottaient encore entre les cordages et la mâture, et laissa même les pauvres bateliers qui ne pouvaient se résigner à abandonner leur gagne-pain, leur chère barque. (De fait, s'ils l'avaient abandonnée, d'autres s'en seraient emparés sans scrupule, ce qui est arrivé pour nos bagages.)

A peine mettais-je le pied sur le *Fi-long*, qu'un passager fort bien mis me salua et protesta à sa manière contre les hésitations du commandant du vapeur. « Monsieur, dit-il devant tous les passagers, je ne suis ici, comme vous, qu'un étranger ; mais quand il y va de la vie de mes semblables je ne saurais rester indifférent. » Et séance tenante il me force à revêtir un habit dont il se dépouille devant tout le monde, puis nous conduit dans l'endroit le plus chaud derrière la machine. Là un jeune homme, dont le nom nous est resté inconnu, offre aussi une chemise à l'un des catéchistes.

Pourquoi cette protestation et quel en est l'auteur ? Pourquoi ? C'est comme nous l'expliqua plus tard ce dernier, que le *commandant* du *Fi-long* ne voulait pas venir à notre secours, sous prétexte que ce n'était pas facile : il avait fallu l'y contraindre en lui promettant de l'argent. Et quel est cet homme si dévoué ? Le commandant du cuirassé chinois *Nan-dzei*, nommé *Va-tsen-fô*, qui me força à l'accompagner sur son vaisseau où il eut pour moi et les catéchistes les attentions les plus délicates. A peine y avions-nous abordé qu'il me présenta à ses officiers et sans perdre de temps me conduisit à sa cabine, où il m'habilla des pieds à la tête, me fit servir du thé chaud avec du cognac pour me réchauffer. Puis il fit partir deux embarcations, l'une pour *Ou-song* où les catéchistes, étrangers dans le pays, ne trouveraient peut-être personne qui leur prêtât des habits de rechange ; l'autre pour le lieu du sinistre, dans l'intention d'y secourir les bateliers et d'y sauver nos bagages. Cette seconde revint bientôt annonçant que la douane de *Ou-song* avait aussi envoyé un vapeur et avait pris les bateliers. La première revint plus tard avec les deux catéchistes, que le capitaine fit également habiller et soigner. A souper, bien que l'usage veuille qu'il prenne seul ses repas, il voulut m'avoir à sa table, puis fit ensuite copieusement servir les catéchistes. Vers 9 h. 1/2 il fit préparer nos couchettes dans le salon, et ne nous quitta qu'après installation complète.

Dans la conversation, il me dit n'adorer qu'un seul Dieu comme moi et ne pas croire aux idoles ; il me montra un livre dont il fait ses délices : un livre protestant. Il a fait son éducation en Europe et en Amérique. Je l'invitai à visiter *Zi-ka-wei* qu'il ne connaît pas, ce qu'il accepta avec plaisir ; mais le soir même il reçut un pli d'un de ses supérieurs, lui donnant l'ordre de partir pour *Nan-king* dès le lendemain. Toutefois, il espérait que là visite projetée pourrait avoir lieu dans la seconde moitié d'août.

Il fut encore aux petits soins pour nous dans la matinée du mercredi, donnant aux catéchistes les meilleurs conseils pour aller à la recherche des bagages, nous fournissant abondamment de l'argent nécessaire aux frais de barques et de voitures. Sachant mon désir de me rendre au plus tôt à *Chang-hai* pour y célébrer la sainte messe, il envoya un homme me chercher une voiture, fit venir une barque, me donna un de ses hommes pour m'accompagner, et ne me quitta que sur la passerelle.

Bientôt, par l'ancienne voie ferrée, je prenais la direction de *Chang-hai*, et vers 11 h. je montais au saint autel dans l'église du Sacré-Cœur à *Hong-keu*.

J'ai eu du succès près des Pères qui me virent dans mon costume d'emprunt. Je m'amusai de leur surprise ; mais au fond du cœur une pensée dominait toutes les autres qui ne s'effacera plus je l'espère, de mon esprit ni de mon cœur : Marie est doublement ma Mère ; car, outre la vie de l'âme, je lui dois aussi celle du corps. Aidez-moi, s'il vous plaît, bien cher Père, à payer ma dette de reconnaissance ! Demandez pour moi que je lui sois dévoué corps et âme jusqu'au dernier soupir, et que je me dépense entièrement pour son amour !

Ce naufrage a-t-il donc été sans conséquence pour nous? Pas précisément. Nous avons la vie sauve ; restés dans l'eau et sous une pluie torrentielle environ deux heures, la maladie ne nous a pas visités; quelques contusions, quelques égratignures, voilà tout pour nos personnes. Mais les pertes matérielles sont assez considérables : notes et papiers, bagages et valeurs, que l'on recherche, sans doute, mais sans grand espoir de succès. *Dominus dedit, Dominus, abstulit : sit nomen Domini benedictum !* Du beau bréviaire que vous m'aviez envoyé l'année dernière, il ne me reste plus que les parties d'hiver et de printemps. C'est un millier de francs, sinon plus, qui a été perdu.

Nous ne saurions oublier notre bienfaiteur le commandant *Vatsen-fö* : bientôt se présentera, je l'espère, l'occasion de lui témoigner notre reconnaissance. Sa conduite est d'autant plus admirable qu'elle tranche davantage sur la conduite habituelle de ses compatriotes.

On prépare en ce moment la feuille des ministères annuels. *Tsong-ming* s'y trouve pour plus de 2.000 catéchumènes, près de 6.000 baptêmes d'enfants infidèles, près de 350 baptêmes de nouveaux chrétiens, y compris les enfants. Malheureusement comme la mortalité est énorme relativement, nous ne faisons pas, somme toute, de grands progrès. Dans mon seul district, il y a eu 146 extrêmes-onctions dans l'année.

Le culte de N.-D. de Lourdes prend toujours de l'accroissement à *Tsong-ming*, et les guérisons marchent leur train. Tout récemment, cette bonne Mère m'a amené une famille de païens qu'elle a convertie par une guérison. Toutes les chrétientés de l'île, prises d'une noble émulation, font faire des bannières que leurs représentants portent en procession lors des deux pèlerinages généraux. Quelques-unes sont fort belles et ont occasionné de vrais sacrifices. C'est un enthousiasme et une générosité dont nous ne croyions guère nos chrétiens capables. D'où il est permis de conclure qu'en Chine comme ailleurs, l'enthousiasme est possible quand il s'agit de Marie.

On vient de remplacer la plupart des fenêtres de l'église où se trouve la statue miraculeuse, et on peint sur les vitres l'*Ave maris stella* dont chaque caractère est encadré de fleurs ou de papillons : c'est original et de bel effet. De plus, le P. Leao, prêtre séculier qui a été toute l'année mon compagnon d'apostolat, a offert quatre belles inscriptions, deux sur fond rouge, deux sur fond noir, avec caractères dorés.

Pour remercier cette bonne Mère de la grâce qu'elle vient de m'accorder, je voudrais bien aussi lui offrir un ex-voto, ; je prie Saint-Joseph de m'en fournir les moyens.

Une petite histoire pour terminer. Le fils unique d'une famille païenne devint gravement malade, il y a peu, et tous les efforts des médecins ne purent enrayer le mal. Gardant espoir contre tout espoir, la mère appela une de nos vierges qui sait un peu la médecine. Celle-ci saisit la balle au bond et s'empressa de baptiser le petit moribond, exhortant sa mère à se tourner du côté du ciel. La mère promit, si l'enfant guérissait, que toute la famille se ferait chrétienne et de plus irait remercier N.-D. de Lourdes. Or le lendemain elle venait déclarer à la vierge que l'enfant était guéri. La vierge, lui rappelant sa promesse, l'engagea à la tenir sans différer. Cette femme fit alors une réponse évasive, assurant que certainement on remercierait N.-D. ; mais de conversion, point n'en fut plus question. Le lendemain, l'enfant guéri était en paradis ; il n'avait que cinq ans.

Le Chevallier S. J.

UN BON COUP DE FILET.

Extrait d'une lettre du P. Colvez

Sou-Song, le 1er février 1897.

L'autre jour j'ai jeté un bon coup de filet, dont je veux vous parler. C'est une curieuse application du « Compelle intrare ». Un nommé *Sié* le 3e, voulait depuis un an devenir chrétien, seulement son frère aîné, *Sié* le 1er, avait menacé de sa vengeance quiconque au village suivrait la doctrine du diable d'occident. *Sié* le 3e vint un jour à la ville, distante de chez lui d'environ deux lieues, sous prétexte d'acheter du sel, en réalité pour venir me demander de l'accepter au nombre de mes ouailles, car, me dit-il, « mon frère aîné a beau dire et beau faire, je veux devenir chrétien, la doctrine du Père est la vraie doctrine du ciel.

Il promit de renoncer aux superstitions et d'apprendre les prières. Il tint parole. La fin de l'année arrive, *Sié* le 1er lui ordonne de brûler de l'encens, il refuse. Aussitôt *Sié* le 1er se jette sur lui, déchire ses vêtements, égratigne la figure et poche les yeux. Le pauvre catéchumène, à peine relevé de dessous son adversaire, accourt prévenir le Père. J'envoie un catéchiste parler raison, comme on dit en Chine. — *Sié* le 1er ne veut pas entendre raison, peu s'en faut qu'il n'insulte mon envoyé : « Tous les ancêtres, dit-il, dans la famille *Sié*, ont honoré les idoles, tous les membres de cette famille les honoreront encore, ou ils auront affaire à moi. »

Une telle audace méritait une punition sévère ; je comptais aller moi-même dénoncer le coupable au sous-préfet, lorsque trois personnes du village des *Sié* m'arrivèrent pour me conjurer de pardonner : *Sié* le 1er, me dirent-ils, est repentant, il acceptera de faire ce que le Père lui imposera. — Bien ; répondis-je, que *Sié* le 1er vienne lui-même demain de grand matin reconnaître ses torts, s'il n'est pas à la ville dès le lever du soleil, la dénonciation sera portée au mandarin. »

Mais que s'était-il donc passé, après le départ de mon catéchiste ? Les gens du village étaient allés supplier *Sié* le 1er de demander sa grâce. « Tu vas nous ruiner par ton entêtement, lui dirent-ils, tu as tort, les satellites du sous-préfet vont s'abattre, sur le village, comme une nuée de corbeaux et tout dévaliser. Le missionnaire a la permission de l'Empereur de prêcher sa doctrine ; quiconque le veut peut entrer dans cette religion du Maître du Ciel et en suivre les usages. Te crois-tu assez puissant pour empêcher la volonté de l'Empereur ? Tu n'es pas assez stupide. » *Sié* le 1er commençait à craindre : « Initium sapientiæ timor Domini » ; il se risqua à envoyer une députation. Quand ses députés lui annoncèrent qu'ils m'avaient vu sur le point de porter un acte d'accusation au sous-préfet, il devint plus raisonnable que je ne l'aurais espéré.

Au moment où j'allais célébrer la sainte Messe, mon catéchiste m'avertit que *Sié* le 1er était à genoux dans la petite église, demandant pardon à Dieu et qu'après la Messe, il en ferait autant au Père. Pendant le saint Sacrifice je priais le bon Dieu de m'aider à bien traiter cette affaire, il y allait du salut de tant d'âmes !

Combien je fus agréablement surpris après mon action de grâces d'entendre *Sié* à genoux m'affirmer qu'il regrettait sa faute. « Si le Père veut bien me pardonner, dit-il, moi aussi je me ferai chrétien, avec tous les gens du village ; en preuve de ma sincérité, j'offre au Père une grande salle ou il pourra nous instruire et venir honorer Dieu. »

Il va sans dire que je pardonnais de bon cœur, cependant pas complètement. Comme la faute avait été publiée aux quatre vents, j'exigeais que le coupable fît les frais d'un dîner de douze personnes, après lequel on signerait l'acte de donation. — Tout fut accepté et accompli selon ma volonté. Maintenant à *Sié-kia-lao-ou*, village de 60 personnes, il y a une petite chapelle dont saint François-Xavier est le patron.

Depuis la donation, je suis allé deux fois visiter mes nouveaux paroissiens ; toujours bonne réception et toujours zèle pour apprendre les prières. J'espère beaucoup de ce village ; il sera beaucoup plus facile à ces chrétiens de suivre les lois de l'Église qu'à ceux qui vivent au milieu des païens, je tâcherai d'en faire une petite paroisse de Bretagne. Aidez-moi de vos ferventes prières.

PROGRÈS DE LA FOI AU SIU-TCHEOU-FOU.

LETTRE DU P. GAIN A MONSEIGNEUR GARNIER

Siu-tcheou-fou, 22 mars 1897.

MONSEIGNEUR,

Je viens de faire une grande tournée d'un mois dans les districts des Pères Le Biboul, Doré, Thomas et Van Dosselaere. *Fervet opus !* Ces quatre excellents missionnaires ont de l'ouvrage par-dessus la tête, et ne peuvent suffire à la besogne. C'est vous dire, Monseigneur, que tout va bien A. M. D. G.

Parlons d'abord du spirituel, qui est le principal. L'œuvre va presque trop vite. S'il est bon et désirable de voir nos chrétiens augmenter en nombre, nous croyons qu'il est préférable de viser avant tout à la qualité. Si nous voulions enregistrer, en bloc et sans examen, tout ce qui se présente, chaque Père compterait ses catéchumènes par milliers et milliers. Mais à quoi bon, si les forces et les ressources des Pères sont limitées, et ne leur permettent point de les suivre de près, et de les surveiller ? Il faut avant tout de l'ordre, et de la discipline. C'est pourquoi nous nous montrons très difficiles, même pour recevoir des caté-chumènes. Nous refusons les familles isolées. Nous n'acceptons que les listes de 20 ou 30 familles d'un même village. Comme chaque village, grand ou petit, a son chef reconnu et officiel, s'il ne donne point lui-même son nom, ses administrés doivent avoir au moins une autorisation pour se donner à nous. Ce qui n'est pas très difficile, car le gouvernement de ces petits états micros-copiques étant aussi démocratique qu'autocratique, 20 ou 30 familles bien unies, même dans un gros village de 100 feux et plus, obtiennent facilement cette autorisation du « *Tchoang-tchang* » (chef de village), qui ne désire nullement avoir des ennemis pour voisins. — Quand la liste a été présentée au Père, il faut, avant d'obtenir le catéchiste demandé, trouver un local gratuit, au moins une paillotte de 2 ou 3 chambres, et le catéchiste n'est accordé qu'après plusieurs semaines d'attente, pendant lesquelles les chrétiens et les catéchistes renseignent le Père sur ceux qui ont donné leurs noms.

Le jour fixé pour inviter le catéchiste, ils doivent se mettre en frais, venir le chercher avec un char ou une monture, lui offrir un bon dîner, etc.

Régulièrement, ces catéchistes n'ont point besoin d'être bien instruits dans les lettres profanes. Pourvu qu'il possède bien sa prière et sa doctrine chrétienne, un homme qui a « lu » les 4 livres, de mœurs douces et régulières, vaut mieux souvent qu'un bachelier beau parleur et orgueilleux. Il nous en faudrait actuellement plus d'un cent, pour répondre aux demandes. En comptant tout, maîtres d'écoles, exhortateurs, excurrents, etc., nous n'en avons guère que soixante et quelques en activité dans la section, plus 5 vierges et deux exhortatrices, le tout venu de 4 ou 5 provinces, à l'exclusion des environs de *Chang-Haï*, dont les chrétiens nombreux sont impropres à l'apostolat de nos contrées, au langage et aux usages si différents du *Bas-kiang*.

Le catéchiste dans un village, pour peu qu'il se tienne bien et ait du zèle, en devient bientôt le roi. Matin et soir il réunit tous ses catéchumènes grands et petits, à l'exception des femmes qui écoutent aux portes, pour la prière et les exhortations. Les enfants entre leurs petits travaux, viennent passer 2, 3, 4 heures à son école, et cèdent la place, après la prière du soir, à leurs aînés et aux vieilles barbes, qui veillent volontiers jusqu'à 10 ou 11 heures autour de la lampe, dont l'huile est fournie par la communauté. Bientôt les païens eux-mêmes respectent le catéchiste, qu'ils improvisent souvent leur juge de paix, dans les petites contestations quotidiennes entre voisins, ou entre villages.

C'est donc chez eux, que nos catéchumènes apprennent les premiers rudiments du christianisme. Régulièrement, personne n'est admis à l'école ou au catéchuménat du centre, s'il ne possède par cœur son *Abécédaire*, comprenant les six prières : *Loutoan-king*. (1) Nous avons même posé comme règle, pour éviter

(1) Les prières du matin et du soir, le catéchisme, les prières de la messe, les mystères du Rosaire et le Chemin de la Croix.

l'encombrement à la messe des dimanches ordinaires, de n'admettre à cette messe que ceux qui sont baptisés ou savent ces 6 prières ; et avec cela les nouvelles églises sont trop petites, dans les beaux jours.

Nos catéchuménats centraux ne sont que des retraites fermées où ne sont admis que ceux qui ont déjà acquis par ailleurs la science nécessaire au baptême. Les instructions, catéchismes et examens fréquents faits par le Père en personne, ont surtout pour objet de les bien préparer à la confession et à la communion. Car nous ne donnons le baptême qu'à ceux et celles qui peuvent immédiatement après recevoir, sans autre instruction, ces deux sacrements. La dose de prières et de catéchisme est mesurée à la capacité d'un chacun.

Je disais plus haut que l'œuvre spirituelle allait presque trop vite. Hélas ! c'est que l'œuvre matérielle est loin d'être à la hauteur, et cependant elle absorbe une grande partie des forces et des énergies des missionnaires. Pour arriver à baptiser les adultes, après une préparation sérieuse, comme nous l'exigeons, il faut les réunir, et pour cela, il faut des locaux, églises, écoles, catéchuménats, etc. Plusieurs fois, les brigands ou les rebelles nous ont forcé à recommencer nos bâtisses, et cela prend du temps. Le missionnaire du *Siu-tcheou-fou* doit être à la fois maître d'école, catéchiste, architecte, maçon, menuisier, acheteur, veilleur, banquier, entrepreneur, fermier, juge de paix. Il doit être tous les jours, et presque en même temps, à l'église, à l'école, au catéchuménat, dans sa chambre, sur ses tours, à la ville traitant avec les mandarins, à la campagne avec les paysans, l'œil et la main partout, se faisant tout à tous, et tâchant de gagner le plus de monde possible à Notre-Seigneur. Noble et belle tâche et digne d'envie ! Aussi pas un seul de nos Pères, qui, le soir, harassé de fatigues, ne se couche très tard, en bénissant le bon Dieu de l'avoir appelé à cet idéal d'apostolat.

Et où en est donc actuellement cette œuvre matérielle, moyen nécessaire pour arriver à la fin, qui est l'œuvre spirituelle ?

A la Préfecture nous avons une petite résidence, où 3 ou 4 Pères peuvent se réunir, et même y faire tranquillement leur retraite, mais nous n'avons pas de local, pour y établir la plus petite œuvre.

Au *T'ang-chan-hien*, chez le P. Doré, l'église et la résidence centrale, brûlées par les « Grands-Couteaux », ne sont point relevées, et ne le seront point avant les vacances. Le local destiné aux écoles est occupé par le Père, ou sert de chapelle. Au dehors il serait urgent de bâtir quelques petites églises, au moins dans 5 o 6 villages comptant déjà 30, 40, 60 et plus d'hommes et femmes baptisés, et n'ayant point de lieu pour prier et entendre la messe.

Au *Siao-hien*, le P· Boucher, avant de permuter avec le P. Le Biboul, avait terminé une église centrale de 10 mètres de large sur 50 de long, déjà trop petite ; une résidence vaste faite trop économiquement, et qui a besoin de fortes réparations ; une école centrale, réunissant déjà 25 élèves venus de tous les coins de la Section dont nous espérons faire des catéchistes, et auquel j'ai prêché avec consolation une petite retraite préparatoire à la dernière fête de Saint-Joseph. Le reste, petites écoles de garçons et de filles, catéchuménats des 2 sexes, ne sont que des baraques improvisées, et qu'il est urgent de remplacer.

Au *Fong-hien*, chez le P. Thomas, où si souvent les brigands ont porté le fer et le feu, l'église, la résidence, les écoles sont relevées et il ne reste plus qu'à les aménager. L'indemnité accordée par les mandarins n'y suffira pas.

Au *Pei-hien*, où un grand mouvement se manifeste tant chez les émigrés que chez les natifs, le P. Van Dosselaere, ne pouvant, comme on le désirait, s'établir à la ville, a pu acheter pour moins de 300 taëls cinq arpents et demi sous les remparts mêmes de *Pei-hien*, et j'ai entre les mains le contrat payé, et enregistré par le mandarin. Nous avons pris possession des quelques paillottes qui sont sur ce terrain, que j'ai donné l'ordre de relever, en attendant que Votre Grandeur accorde les ressources pour élever là un grand établissement, qui donnera sans retard de beaux fruits.

Au *Soei-ning-hien*, où le bon P. Hingair avait lancé des œuvres, que sa maladie et sa mort ont laissé tomber, tout est à fonder ; et le P. Simon Gni s'y dépense de tout cœur sous la direction du P. Boucher.

Au *Sou-tsien-hien*, il s'agit présentement de décider, si l'on abandonnera *Tchang-chan* pour installer le centre à la ville même. Dans les 2 cas il faudra une forte somme d'argent, car les bâtisses de *Tchang-chan* sont à refaire, comme trop petites et peu solides. En tout cas, le P. Boucher occupe en ce moment le P. Cheng à négocier l'achat d'un terrain en ville, ou tout auprès.

Le *Pi-tcheou*, où on nous appelle, n'est point encore ouvert, faute de personnel et d'argent.

Je joins ici pour mémoire le *Hai-tcheou*, avec ses 3 sous-préfectures, ne comptant encore ni chrétien, ni établissement, parce qu'à mon avis la porte, par laquelle y pénétra l'évangile, est le district de *Sou-tsien*.

Voici donc, à l'heure qu'il est, huit prêtres dans la préfecture du *Siutcheou-fou*, aidés par près de quatre-vingts catéchistes des 2 sexes. Les enfants ne demandant qu'à fréquenter nos écoles se chiffrent par centaines, et les catéchumènes par milliers. Que manque-t-il, pour baptiser toutes ces âmes de bonne volonté? Encore du personnel, et puis des églises, des écoles, des catéchuménats vastes et bien installés. Ce n'est pas 1 ou 2 districts à monter ni même une section à organiser, c'est une mission comme le Zambèze et le Tanganika, qu'il s'agit de fonder. — Le diable, qui avait lancé sur nous les lettrés, les mandarins, les brigands, les rebelles, bat en retraite sur toute la ligne.

Nous sommes actuellement au mieux avec tous les mandarins civils et militaires du chef-lieu et des sous-préfectures, *Tao-t'ai*, *Tche-fou* et *Tcheng-t'ai* en tête. Hier encore, au retour de ma tournée, j'ai fait visite à ces trois premiers personnages de la préfecture et, ils m'ont reçu d'une façon on ne peut plus cordiale. Toutes les affaires courantes, entre chrétiens et païens, ne se traitent plus qu'à l'amiable.

Que Votre Grandeur nous aide à remercier le bon Dieu de la grâce qu'il nous a faite, en nous appelant à travailler, dans cette partie de sa vigne, en de pareilles circonstances.

L. GAIN, S. J.

EXTRAIT D'UNE LETTRE DU P. GAIN AU R. P. HAVRET

Ma-tsing, lundi de Pâques 1897.

MON RÉVÉREND PÈRE,

P. C.

Nous avons enfin la nouvelle officielle de la prochaine visite du Révérend Père Supérieur, et quand la présente vous arrivera, Sa Révérence ne sera pas loin de nos frontières, si elle ne les a déjà franchies. Si tous nos Pères sont enchantés de cette bonne nouvelle, j'ai bien des raisons de l'être encore plus qu'eux, car je trouve de plus en plus lourd le poids d'une section, dont le développement dépasse toute prévision, et dont le feu roulant des affaires et des complications va toujours croissant. Il est vrai que jusqu'ici chaque affaire et chaque complication, suscitée par le diable, a eu pour effet final d'augmenter régulièrement le nombre et la ferveur de nos catéchumènes. Et c'est présisément ce qui me donne le plus de soucis. Car plus le nombre des poissons est grand, plus je sens le danger de voir rompre les filets, faute de bras et de moyens pour les tirer en lieu sûr, dans la barque de Pierre. Nous nous trouvons maintenant dans une des passes les plus difficiles que nous ayons rencontrées sur cette mer si pleine d'écueils et si poissonneuse.

Nous occupons environ soixante-dix catéchistes dans la section, et il nous en faudrait actuellement le double au moins pour répondre aux invitations des nombreux villages, qui nous en demandent, en dehors des 18, chez les Pères Doré, Thomas, Van Dosselaere et Le Biboul.

Je viens de passer les fêtes pascales à *Ma-tsin*. Hier la grande église bâtie l'an dernier par le P. Boucher, élégamment décorée par le Père Le Biboul, ne pouvait contenir la foule qui débordait dans le sanctuaire et par toutes les issues. Quinze villages au moins, tous du *Siao-hien*, y avaient envoyé leurs députations ; et en principe nous ne recevons aux fêtes que les baptisés, et ceux qui savent les « six » principales prières. J'ai distribué à ma messe la communion à plus de 160 personnes... et dire qu'il y a 5 ans le *Siao-hien* ne contenait pas 5 chrétiens ! C'est la même chose au *T'ang-chan-hien* et au *Fùng-hien*, et ça menace d'être pire encore au *P'ei-hien* sans oublier l'est de la section, où le P. Boucher, à la lettre, remue ciel et terre, avec ses deux prêtres séculiers.

Cependant, cette année, nous aurons de la peine à atteindre le chiffre de 500 baptèmes d'adultes, parce que la révolte des « Grands-Couteaux » avait désorganisé toutes nos œuvres, en brûlant églises, écoles et catéchuménats.

Enfin, le Révérend Père Supérieur, retour de Rome et de Paris, va venir, et verra de ses yeux où nous en sommes. S'il est possible de nous accorder des secours extraordinaires et suffisants, pour entretenir assez de catéchistes, assez d'écoles et de catéchuménats des 2 sexes, l'avenir s'annonce spendide, et au delà de tout ce qu'aucun de nous avait osé rêver.

Leop. GAIN, S. J.

PROGRÈS DE LA FOI DANS L'ILE DE (TSONG-MING).

LETTRE DU P. LE CHEVALLIER AU R. P. SUPÉRIEUR.

MON RÉVÉREND PÈRE SUPÉRIEUR,

Le nombre des conversions augmentant d'année en année, grâces à Dieu, dans le district du *Hao-So* à *Tsong-Ming*, plusieurs Pères m'ont exhorté à faire quelque chose pour demander aide et secours. Après avoir prié et consulté, je me suis hasardé à écrire quelques notes que je vous présente sans prétention aucune.

1° Le mouvement des conversions au *Hao-So* est sérieux — Depuis que j'y suis missionnaire, ce district a augmenté d'un millier de chrétiens qui ne semblent pas le céder aux anciens pour la pratique des vertus chrétiennes et la fréquentation des Sacrements. Sur ce nombre je ne connais qu'une pauvre femme qui ait apostasié. Par contre, plusieurs familles d'anciens apostats sont revenues à résipiscence. Parmi les nouveaux convertis il en est qui ont donné les plus beaux exemples, ou, qui ont fait preuve d'une grande constance au milieu des persécutions. Je ne crois pas que l'on puisse révoquer en doute que, s'il y a de l'ivraie dans le nombre, le bon grain ne fait pourtant pas défaut.

2° Ce mouvement est susceptible de développement. Il y a peu d'années, la chrétienté de la « Maternité » se glorifiait presque seule d'une cinquantaine de nouveaux convertis ; mais les chrétientés voisines n'ont pas tardé à partager cette gloire. Puis le mouvement s'est étendu peu à peu, et il n'est plus maintenant une seule chrétienté du district qui ne compte de nombreux catéchumènes et néophytes, même celles qui semblaient les plus réfractaires à la grâce, comme « Saint-Joachim » et surtout Saint-Sylvestre ». Les païens en général, loin de nous être hostiles comme autrefois, se montrent polis, affables parfois, entrent volontiers en relations avec nous, même les familles les plus riches, *Tong-ze* (notables propriétaires et commerçants).

3º Quels moyens ont le mieux réussi ?

Ce qui paraît avoir le mieux réussi dans l'apostolat, ç'a été jusqu'ici d'aller aux païens, de leur témoigner de l'intérêt, de l'affection. Un néophyte peu instruit m'en a amené de la sorte près de 100.

Pour le missionnaire il en est de même. Les visites aux catéchumènes, ou même à des chrétiens perdus au milieu des païens, sont un excellent moyen d'apostolat. Attirés par la curiosité, les voisins accourent, parfois nombreux ; quelques mots aimables, quelques remèdes distribués à propos, et par dessus le marché une forte dose de patience, et la glace est brisée : on sera écouté si on parle alors de religion. — Ces visites ont encore l'avantage énorme de lancer les nouveaux convertis. Souvent, en effet, le respect humain, la crainte, la timidité les porteraient à dissimuler leur conversion, et de là aux actes de superstitions il n'y a qu'un pas. Si on ne coupe court à ce mal, beaucoup retourneront en arrière. Or, le missionnaire, par ses visites, met tout le voisinage au courant des conversions ; dès lors plus moyen et plus de raison de les dissimuler, mais bien, au contraire, nécessité de faire connaître les motifs et les avantages, ce qui fréquemment en ébranle d'autres. Oh ! quel apostolat fécond que celui fait à l'occasion de ces visites ! Le P. Speranza se souviendra longtemps de celle que nous fîmes ensemble à l'unique catéchumène d'un quartier qui compte maintenant 200 ou plus de nouveaux convertis très rapprochés les uns des autres.

4. *Desiderata.* — Le nombre des laboureurs n'étant pas en proportion de l'étendue d'un terrain à cultiver, qu'arriverait-il ? Qu'une partie de ce terrain resterait forcément en friche, fût-elle d'excellente condition du reste ; que dans la partie cultivée, si elle est encore disproportionnée aux forces des ouvriers, la mauvaise herbe se multiplierait au risque d'étouffer le bon grain ; que si enfin cette terre n'est pas suffisamment fumée, le grain n'y serait pas d'aussi belle qualité qu'il pouvait l'être. — Je crois, mon Révérend Père, que c'est le cas actuel du *Hao-so.* Les conversions y étant de plus en plus nombreuses, je suis absolument débordé. D'où il suit que je n'ai plus le loisir de m'occuper des païens ; plus le loisir de suivre sérieusement les catéchumènes qui, perdus dans la masse païenne, sont bien exposés à voir étouffer le germe encore plus faible de la foi reçue ; plus le loisir de les instruire sérieusement, déficit qui n'est pas pour les rendre bons et fervents.

En effet, le soin des chrétiens, actuellement 3800, suffit amplement à absorber le temps dont je puis disposer. De plus, les centres se multipliant à proportion des conversions, la visite de chacun d'eux devient de plus en plus rare, d'où, chez les exhortateurs, refroidissement d'un zèle qui a toujours besoin d'être stimulé ; chez les néophytes et catéchumènes, refroidissement d'une ferveur qui a d'autant plus besoin d'être entretenue qu'ils sont plus faibles dans la foi, et ce n'est que par des encouragements, des exhortations, des instructions très fréquentes qu'elle peut être entretenue.

On pourrait penser que d'autres, en dehors du missionnaire, pourraient remplir cet office ; mais, hélas ! nos catéchistes et la plupart de nos vierges n'ont pas encore senti le besoin de se dévouer, de se dépenser pour l'amour de Dieu ; ils n'ont pas encore su comprendre le prix des âmes !

Que si les visites des centres deviennent rares, inutile d'ajouter que les visites à domicile le sont malheureusement bien plus, ce qui est un autre inconvénient très grave.

5º Quel remède à ces différents maux ? Celui indiqué par Notre-Seigneur : « Rogate Dominum messis ut mittat operarios. » Et alors partager le travail, soit en divisant le district; soit en délimitant la part d'un chacun dans le même district.

On m'a beaucoup poussé ces derniers temps à vous demander du secours, mon R. Père. La raison mise en avant est celle-ci : il faut envoyer des ouvriers là où la moisson jaunit, « ne pereat, » or, à *Tsong-Ming* elle jaunit certainement. Donc, « rogate Dominum messis. » C'est vous qui êtes le « Dominum messis » en un sens, mon R. Père, puisque vous êtes le représentant de Dieu. C'est donc à vous que je m'adresse humblement, vous suppliant, par l'amour que vous portez au Bon Maître qui a tant aimé les âmes, qu'Il a versé pour elle jusqu'à la dernière goutte de son sang, d'envoyer au secours de tant d'âmes toutes disposées à profiter de l'insigne bienfait de la Rédemption.

Excusez mon audace, mon R. Père, et veuillez ne tenir compte que de ma bonne volonté.

J. Le Chevallier, S. J.

A la date du 1er avril, le P. Chevallier écrivait : « Nous venons de licencier les catéchuménats, faute de ressources pour les continuer ; foule compacte pendant 40 jours ; 182 hommes, de 80 à 90 femmes au second catéchuménat ; au premier 150 environ et une cinquantaine de femmes. Les catéchumènes viennent toujours régulièrement ; ainsi hier encore, 15 inscrits.

« Et par dessus le marché nous avons la cherté des vivres. Le maïs, payé 1 taël 60 l'an dernier, se paie plus de 3 taëls maintenant ; les légumes, 16 sapèques (5 centimes) au lieu de 2 1/2 ; le chauffage 300 sapèques (0,45) au lieu de 160, et le reste en proportion. »

N . B. Prière d'adresser les demandes de renseignements sur la mission : *Au procureur de la mission du Kiang-Nan, 35, rue de Sèvres, Paris.*

Imp. M.-R. LEROY, 185, rue de Vanves. — Paris.